indiany

is funny

Bibliografische Information der Deutschen Nationalbibliothek: Die Deutsche Nationalbibliothek verzeichnet diese Publikation in der Deutschen Nationalbibliografie; detaillierte bibliografische Daten sind im Internet über www.dnb.de abrufbar.

© 2020 Peter Oberfrank – Hunziker
Herstellung und Verlag
BoD – Books on Demand, Norderstedt

ISBN 9783751903165

Forever flower in beauty rosecolour
wedding flower unique in heart .....
skyblue dreaming and being

Ewige wunderschöne einzigartige
rosenfarbene Heiratsblume im Herzen
..... himmelblaues träumen und
glücklich sein

3

unique

einzigartig

indiany is funny and also
creativeness by playing chess .....
today on 22 March 2020 I Peter
Oberfrank - Hunziker celebrate as
NHL Player ever and nature boy
the "indiany funny sport and nature
day" with great memories and
sporting and working and joyful
ever NHLi Los Angeles Kings
being ..... yellow indiany is
colourful creativeness and unique
being and in heart being forever .....
"indiany is funny"
"Happy time in american Indian
Land Canadi and then walking with
the skiilen to the Islands
vonnseylen and going skiing again
and hiking in the evening to the
hall of fame and playing a
game ..... living in beautiful houses
and see running nice mouses .....

dreaming and seeing starlights and alle the stars and funny dancing in disco hawaying and then good sleeping and fine waking up with the NHL ring and doing sports with yogaying ....."

"Nearby Montreal is glittering flowerland licelen and we do there funny Sport icelen and walking in the nature and living in wonderful and colourful house alicelen and with happy being we dance nighty steppy jumpy dancingstyle and the papageis are watching and clatching ..... with easy heart we are walking as family with ever in heart being on beach to Miami and also being happy with our music band and in Miami we are dancing fine by long sunshine ....."

"First NHL Stanley Cup winners are New York Rangers and also

NHL Stanley Cup winny are indiany and also with me Peter Oberfrank - Hunziker as team captain and I and the Family celebrated with cheering and the NHL ring the 16 times NHL Stanley Cup Winning with ever grinsing ..... as a nice and good NHL art name is for me also Peter indiany is funny Funziker ..... I do remember in heart good NHL icehockeyplaying for New York Rangers Team in sportstadium lyziker and winning the NHL Trophy lyzikery ..... happy celebrating ever"

"Ich Peter Oberfrank - Hunziker bin ewigi glücklich verheiratet mit meiner hübschen und netten und strengen Ehefrau Michelle und im Fasching verkleiden wir uns schön mit dem Faschingskostüm Pfau und

dies freut auch unsere Kinder und
die Familie ist glücklich und wir
machen auch gerne eine
Modenschau mit normaler schöner
Kleidung bei der Kirche und
wohnen im Haus Zirche gerne und
wandern auch mit schauen zum
schönen Sterne nach Miami zum
Sportstadium giami und besuchen
dort die Baumregion Lirche und
mit freudigen lachen sehen wir
Herrn Kruxeler als Juxeler mit
seiner Jacke Tuxeler beim Ostereier
suchen und gemeinsam sind wir
dann im Haus Miamibeach und
trinken Wasser und essen
Marmorkuchen und gehen dann
wieder spaßig tanzen ..... dann
feiern wir ewig schön mit den
Kerzen und guten scherzen ..... in
der Nacht schlafen wir schön und
nett im Traumbett ..... freudig

wachen wir auf und genießen das
Frühstück und hören die Papageien
und ETs beim nießen und sehen
auch schön das Bachwasser fließen
und gemeinsam mit den Papageien
und ETs trinken wir dann ein paar
Tees und wandern schön gekleidet
zu den Blumen und hören wie die
Bienen summen ..... auch das NHL
Trophäen feiern und Fasching
feiern ist in Miami ganz fein und
machen gerne den Faschingstanz
mit der Blume cein und tanzen mit
dem Schwein und auch mit den
Affen und sehen wie die Montreal
Candiens gaffen und ich Peter
Oberfrank – Hunziker tanze elegant
und glücklich mit den Giraffen und
gemeinsam familiär feiern wir die
NHL Trophäen uiffen und ich Peter
Oberfrank – Hunziker und Elke
und unsere Kinder Miri und Tiri

und Liri und Amelie und Linea und
Papa Rolf und Mama Irmgard und
Schwester Karin und Michelle mit
Aurora und Anna und Michaela
und Leila und Lindsey mit Alice
und Isabel mit Elisabeth und
Isabelo und Elisabetha und Opa
Michelor und Oma Michelar und
Kristiane mit Kristiano und
Kristiana und Opa Backerlo und
Oma Backerla und ET mit Familie
und Cheerlady und gute Freunde
Diego mit Familie und Zico mit
Familie und Cu uma mit Familie
und Dino Zoff mit Familie und
Arongo mit Familie und
Sportfreunde und Naturfreunde und
freuen uns in Erinnerung wie die
Spatzen pfiffen und pfeifen und
freuen uns über die schönen Farben
und den Duft der Seifen und
genießen die gute Luft mit guten

frühlingshaften Blumenduft …..
am Meerestrand ist es ganz fein zu
gehen und ganz rein und es ist auch
schön im Meer zu schwimmen und
zu surfen ….. lustig ist es auch zu
sehen wie die Montreal Canadiens
im Sommer im Faschingskostüm
mit ihren Sommerschuhen
Sandalen im Strand gehend
schlurfen ….. als New York Ranger
gehe ich und laufe ich gerne und
bin gerne bei den Baumalleen …..
glücklich sind wir ewig und
wandern nach Venedig und wieder
nach Miami und gehen mit
wunderschönen bunten glanzvollen
Polster und Mondpolster und
Herzipolster und Chicagopolster
wieder ins Sportstadium giami und
dann mit der Kerze lolster ins
Miamihousekloster und feiern mit
den Geiern und ET sagt zur später

Stunde ganz witzig wir feiern auch noch mit den Hunden und laufen noch ein paar Runden ..... mit den Eulen feiern wir wieder bei den Säulen weiter und dies ganz heiter ..... lachen ist im Herzen und auch schönes scherzen ..... wir spazieren indiany weiter zum Indianerland luem und feiern schön mit einem Naturfest die NHL Trophäe fluem und den NHL Stanley Cup Trophäe fluemongo und wunderschön sind die NHL Jersey bei einer Feier in Amerika in der Stadt New Jersey und weiterfeiern und glücklich sein und einzigartig sein und familiär sein im Old tradtional house und mit viel Lachen sein im Naturgarten und Blumengarten housing .... dann Indianer sein und Cowboys sein und Clowns sein und sportlich

sein und natürlich sein und sich
freuen und müde gehen ins
Schlafbett und gut schlafen und am
nächsten morgens fröhlich wandern
zu den bunten Wiesen mit den
Schafen und wieder glücklich
sehen und hören wie die Blumen
blühen und Vögel zwitschern und
die Bienen summen und alle
Kinder kichern ..... auf der
hügeligen Wiese sehen wir
modisch gekleidet und sportlich
unseren Freund ET auch mit seinen
Truhen und wir gehen dann
nachmittags gerne ins Holzhaus
ruhen ..... fröhlich tanzen wir fein
bei Sonnenschein und auch bei
Mondschein und spielen auch
gerne am Strand schön mit
Sand ....."

Die Blume Orchidee blüht glanvoll
bei den blumigen Kräutern Olontee
und wir tanzen freudig
faschingsfeierlich verkleidet als
Fee und schauen auf die Wiese und
zum Mond und gehen wieder zum
vielen Sand am Meeresstrand und
sehen auch viele Igel beim Wasser
am Strand und erinnern uns gerne
an das lustige NHL Sportstadium
Oigel und feiern schön im
Meereshaus miamibeachelen und
spielen auch schöne Musik mit
unserer Kindermusicband am
Meerestrand und dies freut auch die
Schildkröten und einige Montreal
Canadiens hupfen wieder spaßig
herum ähnlich wie die
Froschkröten und dies ist lustig und
einzigartig fein bei schönen
Mondschein und in Homburg

wohnen wir wieder mit schönen
Erinnerungen in unserer
Märchenburg ganz fein und
genießen den Sonnenschein .....
beim Blumengarten ist es
zauberhaft und wir sehen gut die
vielen schönen Vogelarten und
trinken gerne einen frischen
Orangensaft und essen eine Melone
und eine Zitrone ..... all dies ist
schön und wir wandern zum
Moosgarten zön ..... clownig sein
ist ewig schön und auch NHL Sport
machen mit viel lachen .....

Mexiko ist eine wunderbar schöne indianische Atztekenstadt und auch Modestadt mit schöner Bekleidung und guten und farbigen Sportschuhemodeschauen und auch eine Musiktanzcity ..... viel viel tanzen und im Winter schön schispringen auf den Schanzen .... gut feiern mit den NHL Trophäen bei den Geysiren und den schönen Tieren und schönen Pflanzen und schauen wie die NHL Sportvereine feierlich tanzen .....

Das indianische „vonntschilen" schifahren ist kreativ und spaßig lächeln und ewig lustig feiern im holzenen Palmenhaus mit marmorigen Dächeln ..... und Sportgymnastik machen mit den Musikinstrumenten Dschinelen .....

Weiter glücklich wandern zum
Amazonas Delta und die Natur
genießen und durch das
Höhlenecho gut hören wie die ETs
nießen und freudig Blumen gießen
….. im Flugzeug Delta airlines
fliegen wir dann zu den ETs und
bringen Tees und Cremen und
gemeinsam wandern wir dann
wieder zum Amazonas Delta und
beobachten freudig wie die
Dackelen lustig springen in den
Wasserlackelen ….. auf der großen
Wiese bei den Palmen im
Märchenhaus amazonas
philosophieren wir schön und
tiefgründig und auf amazonisch
heißt schönes gutes Buch
„Bsalmen" ….. als schöne
Sporttour und Wanderungstour
besprechen wir mit Märchenlady
und Kindern unsere schöne

Ausflugtour zu den Amazonas
Almen und dies mit viel Schifahren
und sporteln …..

unique being is also happy
Los Angeles Kings being …..
einzigartig glücklich sein ist
auch in der Natur fröhlich
sein und NHL Sportler und
NHL Sportlerin sein und
indianisch verspielt beim
NHL Verein Los Angeles
Kings zu sein und auch
glückvoll kreativ spielen
beim NHL Verein indiany
und lachen …..

Natur genießen und schön schauen
wie die Palmenblätter im Wind
wachteln und wie schön elegant
fliegen die Vögel Wachteln …..

unique wedding is ever
happy wedding and lucky
kidding …..

einzigartig im Herzen
verheiratet zu sein und dies
ist ewig glücklich verheiratet
und familiär zu sein und
herzlich mit unseren Kindern
zu sein …..

Nature is beautiful and for enjoying …..

Natur ist wunderschön und zum Genießen …..

Good remembering our
colourful church in Miami
and nice polsters and the
walking to the flowerland
yosters …..

Ewig schön im Herzen
erinnern an unsere bunte
Kirche in Miami mit den
netten Polstern und spazieren
und wandern zum
Blumenland yostern …..

NHL stands for National Hockey League and means beautiful and happy and smiling and funny doing in good nature with sports doing like playing icehockey, skiing, gymnastic and so on ….. and also ever good celebrating with NHL Stanley Cup Trophy and nhling trophies and presentelen and being accurate and joyful and remembering and sports doing …..

NHL bedeutet in ausgeschriebener National Hockey League und bedeutet wunderschönes und glückliches und fröhliches und lustiges sein in der Natur und ein einzigartiges Sportspiel wie Eishockey spielen und Schifahren und Gymnastik machen und so weiter ….. und auch gutes ewig feiern mit NHL Stanley Cup Trophy und nhling Trophäen und Geschenken und genau sein und spaßig sein und sich erinnern und Sport machen …..

Die 36 NHL Sportvereine sind überall und die Heimatstädte sind wie folgt und auch die einzigartigen „Ein Wort" Originalbezeichnungen zu den NHL Sportvereinen sind bezeichnet und geschrieben:

New York ….. Rangers
Montreal ….. Canadiens
Boston ….. Bruins
St. Louis ….. Blues
Chicago ….. Blackhawks
Detroit ….. wings
New Jersey ….. Devils
Los Angeles ….. Kings
New York Island ….. Eulele
Region germany ewigkeitfeiern auf erde und allen planeten und glücklich sein und weiter indianisch zu sein und im Club zu sein und freudig und fröhlich zu sein ….. AJK
Nashville ….. Predators
Ottawa ….. Senators

Buffalo ….. Sabres
New York Islanders City …..
Islanders
Calgary ….. Flames
Minnesota ….. Wild
Edmonton ….. Oilers
Colorado christmas tree city town …..
Avalanche
Columbus easter egg and blue nature
festival ewig NHL city ….. Jackets
Dallas ….. Stars
Pittsburgh ….. Penguins
Las Vegas ….. Knigths
San Jose ….. Sharks
Vancouver ….. Canucks
Florida ….. Panthers
Moskau ….. CSKA
New York city central park african
towncityshipcituneo ….. KAC
Toronto ….. Leafs
Winnipeg ….. Jets
Washington ….. Capitals
Philadelphia ….. Flyers

luem city ….. indiany
Arizona ….. Coyotes
Tampa ….. Ligthning
Carolina ….. Hurricanes
Anaheim ….. Ducks

In der kanadischamerikanischen
Weltstadt luem City gewann ich
fröhlich herzlich am 4. 4. 2019 mit
kreativen Eishockeyspielen in einer
gelben NHL Dress und Rückennumer
99 und meinem NHL art name Peter
Oberfrank – Hunziker Indianer den
„NHL Stanley Cup luem city for Peter
Oberfrank – Hunziker Indianer and
family and team ….." und dieses
NHL team heißt im vollen Namen
„yellow indiany" und ich erinnere
mich im Herzen gerne und das schöne
ewige Natur feiern und Sport feiern
und Musik feiern und tanzen feiern
und Ruhe feiern am wunderschönen

und auch bunt glänzenden und
naturigen gelbsandenen Strand in
luem City und als Indianerehemann
habe ich herzlich gerne wieder meine
Indianerehefrau sozusagen Squaw
geheiratet und es war wieder ein
schönes NHL Sportfest und
Kinderfest und Uhrenfest und NHL
Museumfest und Farbenfest und
Blumenfest und Sandfest …..

Beim Mondschein Bücher zu
schreiben und Bücher zu lesen ist
ganz fein …..

In der Eishockeystadt Montreal war
von guten Sportlern der einhellige
Wunsch die 36 NHL Sportvereine
auch mit dem gesamten
Sportvereinsnamen und der Stadt in
einem Buch zu nennen, damit alle
auch dann die Stadt mit dem NHL
Sportverein und die NHL
Tabellenplatzierung gut kennen …..
dies ist interessant, weil in Köln
laufen viele Sportler faschingsmäßig
oft im Sand und die New York
Rangers tanzen gerne in der Disco
Loft …..

New York ….. New York Rangers
Montreal ….. Montreal Canadiens
Boston ….. Boston Bruins
St. Louis ….. St. Louis Blues
Chicago ….. Chicago Blackhawks
Detroit ….. Detroit red wings
New Jersey ….. New Jersey Devils
Los Angeles ….. Los Angeles Kings

New York Island ….. Eulele club
Region germany ewigkeitfeiern auf
erde und allen planeten und glücklich
sein und weiter indianisch zu sein und
im Club zu sein und freudig und
fröhlich zu sein ….. AJK club
Nashville ….. Nashville Predators
Ottawa ….. Ottawa Senators
Buffalo ….. Buffalo Sabres
New York Islanders City ….. New
York Islanders
Calgary ….. Calgary Flames
Minnesota ….. Minnesota Wild Stars
Edmonton ….. Edmonton Oilers
Colorado christmas tree city town …..
Colorado Avalanche
Columbus easter egg and blue nature
festival ewig NHL city ….. Columbus
Blue Jackets
Dallas ….. Dallas Stars
Pittsburgh ….. Pittsburgh Penguins
Las Vegas ….. Las Vegas Golden
Knigths

San Jose ….. San Jose Sharks
Vancouver ….. Vancouver Canucks
Florida ….. Florida Panthers
Moskau ….. CSKA Moskau
New York city central park african
towncityshipcituneo ….. KAC
Toronto ….. Toronto Maple Leafs
Winnipeg ….. Winnipeg Jets
Washington ….. Washington Capitals
Philadelphia ….. Philadelphia Flyers
luem city ….. yellow indiany
Arizona ….. Arizona Coyotes
Tampa ….. Tampa Bay Ligthning
Carolina ….. Carolina Hurricanes
Anaheim ….. Anaheim Ducks

Duck is funny with a lot of luck.
Das Huhn ist fröhlich herzlich mit
viel Lachen und mit viel Glück und
freudig mit viel zu tun und zu ruhen
und schön feiern die NHL Trophäen
namens Truhen und Blumen und
Osterblumen und Yiumen.

funny celebrating indiany and all

lustiges und spaßiges feiern „indiany"
und alles schön feiern …..

In der NHL Stadt luem City ist
schönes ewiges feiern im Indianerzelt
und dies ist auch eine Indianerstadt
und Blumenstadt und naturel Stadt
und Modestadt und Meeresstrandstadt
und Palmenstadt und Wiesenstadt und
Museumstadt und Wissenschaftsstadt
und Kirchenstadt und Weihnachtsstadt
und Osterstadt und Geschenkestadt
und Wissensstadt und Naturstadt und
Technikstadt und Sportstadiumstadt
und Steinestadt und Wasserstadt und
Harvord university Stadt und
Clownstadt und wunderschön ist es
beim Blumengarten Nelkelen und als
Weihnachtsmann freut es mich wie
sich auch die Elkelen freuen und
spaßig sind wir bei den
Ostergeschenkelen und
Weihnachtsgeschenkelen und sehen
auch wie die Osterhasen in der Wiese
rasen und die Kühe grasen und ET

macht Sportgymnastik mit tea und die
Ferkelen freuen sich auch über die
Geschenkelen und die Pfauen laufen
spaßig und ruhen im Morgentauen
und schön ist es wieder im Sand
Sandburgen zu bauen und auch zu
wohnen im Märchenturm neben den
Blumenfeldern Bohnen …..

good celebrating

gutes und ewig schönes feiern

In der Region Germany war im Jahr 2008 ein schönes großes Sportsfest und auch ein Naturfest im November und ich war dort gerne als Indianer verkleidet und dies ist auch schöne Bekleidungsmode und für mich Peter Oberfrank – Hunziker bedeutet dies auch ewigi und ewig ein Indianer zu sein und im Herzen zu sein und ich weiß, dass meine Familie auch gerne Indianerin und Indianerkinder und Indianereltern und Indianerschwester und Indianeropa und Indianeroma sind und auch Indianercheerleaderin sind und spaßvoll Indianerclowns sind, und die Natur ist mit schöner ewiger Kreativität auch wundervoll, und ich erinnere mich gerne an das Indianerclownfest in Montreal im Jahr 2009 mit ewigen feiern und ich erhielt im Weihnachtsgebäude in der kanadischamerikanischen Stadt luem den „NHL Stanley Cup Indianerclown and ever celebrating for Peter Oberfrank – Hunziker as real Montreal Canadiens and family and team ….." und dann schönes weiterfeiern am Hauptplatz beim Weihnachtsbaum in Montreal und dann schönes NHL Sporttraining in Naturgegend und Indianerland lana und dort spielte viel freudiges Eishockey bei den Tannenbäumen flana und dann schönes weiterfeiern in Miami wieder im Sportstadium giami der NHL medali mascoti bunti ….. die Kätzchen und die Äffchen und Orang utans freuten sich auch wieder sehr und mit viel Lachen und dann wanderten wir mit viel Drachen ins Indianerland Appachen …..

Beim weiterwandern gingen wir dann
nach Afrika zum Natur genießen und
dann schön weiter nach Flandern in
Holland ..... mit lustigen witzelen und
gitzelen spazierten wir dann in das
Indianerland Schweiz und dies heißt
auf indianisch Swizzelen .....

Beim Schneefest in Rapperswil
glänzte schön der Schnee und
schifahren ist auch ganz schön mit
dem Sportstil „Fee" .....

In New York feierten wir dann
sommerlich im Haus Kork und bei der
Fernsehsendung Wetten dass, ...
sind wir oft neben den Bäumen und
das Wetter läßt uns ganz oft und
schön träumen .....

In asian sind viele schöne Wiesen und
Hügel und auch viele Tannen und dort

sind lustige Feiern mit den Pfannen
…..

In Köln sind viele Wiesenflächen und
Fichten und dort sind spaßig witzige
Leute und diese erzählen sich lustige
Geschichten …..

Im Weltall ist es überall bunt und
schön und einzigartig orangefarben
schön wachsen und sind die Möhren
neben den Bäumen Föhren .....

In Miami ist auch meine
Indianerlandheimatregion für mich
Peter Oberfrank – Hunziker und
glückliche Familie und dies umfasst
die Städte Miami city und St. Louis
und Anaheim und Dallas und Las
Vegas und Amazonas und rosa city
und New York und Los Angeles und
Washington und NHL being und
Nordpol city und Südpol city und
Africa citytown und schön natürlich
feiern ist gut und auch schön beim
Lagerfeuer bei der Grillglut und mit
den Vögeln Geiern ….. schöne
Osternestelen sind auch schöne
Vogerlfestelen und viele freuen sich
in den Nestelen ….. in Miami gibt es
auch bunte Erde und spaßig fröhlich
sind die Pferde …..
Im Miami Beach Haus ist es
heimatlich einfach schön und herzlich
und faschingsmäßig auch scherzlich.

Im Miami Fasching ist es auch schön
beim Glockenturm und dort macht die
kleine Glocke dann schön „ring ring
ring ring" und dies ist ewig schön im
Herzen wie auch der Ehering und der
Naturring und der NHL Ring.

In Afrika ist schön zuhause der Vogel
Nachtigall und dies sind kunterbunte
Vögel und einzigartig und ganz schön
ist ihr Gesang yall.

unique good indiany being

einzigartig schön und kreativ
und gut indiany sein